희망 한 가득에
절망 두 조각

희망 한 가득에 절망 두 조각

초판 1쇄 발행 2022년 3월 10일

지은이 정철성
펴낸이 장길수
펴낸곳 지식과감성#
출판등록 제2012-000081호

교정 정은지
디자인 이현
편집 이현
검수 김우연
마케팅 고은빛, 정연우

주소 서울시 금천구 벚꽃로298 대륭포스트타워6차 1212호
전화 070-4651-3730~4
팩스 070-4325-7006
이메일 ksbookup@naver.com
홈페이지 www.knsbookup.com

ISBN 979-11-392-0371-4(03810)
값 13,000원

• 이 책의 판권은 지은이에게 있습니다.
• 이 책 내용의 전부 또는 일부를 재사용하려면 반드시 지은이의 서면 동의를 받아야 합니다.
• 잘못된 책은 구입하신 곳에서 바꾸어드립니다.

지식과감성#
홈페이지 바로가기

정철성 시집

희망 한 가득에 절망 두 조각

차례

인생　008
마음은 청춘인데　009
우거지　010
사로잡힌 삶　012
마네킹　014
인생길의 동무　015
어머니　016
산다는 것이　018
갈망　020
세월 떠난 뒤에　021
지금 울고 있어요　022
꿈과 현실 사이　023
소낙비　024
꿈에라도　025
물소리　026
알고 계신가요　027
상사화　028
내 마음도　029
갈등　030
사랑 1　031
고드름　032

이별　033
세월　034
끝자락　035
봄이 오면 1　036
수채화　037
현실 1　038
봄　039
바다　040
사는 동안　041
세월 갈수록　042
추억　043
소원　044
아침해　045
사랑의 씨앗들　046
사랑 2　047
할머니와 아이　048
살구꽃　049
겨울 끝자락　050
세상 풍경　052
두 인류의 탄생　053
겨울 산　054

남은 것　055
노년의 세월　056
내 인생의 봄날　057
삶이 그대를 속일지라도　058
거목　060
내 인생의 하모니　062
봄이 오면 2　065
12월의 상념　066
광산과 보석　068
뿌리 깊은 나무　070
인생이다　072
한때　074
어찌해야 할까요　076
상서로운 새날　077
기다림　078
애기 장미　079
이유　080
간절한 바람　082
까닭 모를 눈물　083
숨겨진 진실　084
가을비로 내리는 이별의 눈물　086

가을의 축제　088
사랑하는 아이야　089
밤하늘　090
선풍기 바람　091
새해 마중　092
송년의 마음　094
예쁜 그 모습　96
광맥　97
달맞이꽃 사랑　98
잃어버린 보물　100
첫눈　101
새해맞이　102
작은 바람　103
가을　104
타성의 비극　105
침습　106
새벽을 향하여　107
한번　108
초여름　109
쇠똥구리와 말똥구리　110
낯선 길　111

사냥꾼의 변신　112
종이배처럼　113
그대가　114
살맛 나는 세상　115
무의미한 소리　116
낯선 세월　117
외딴섬　118
인생의 무지개여　119
푸성귀　120
그대　122
먼 훗날　123
해야 솟아라　124
언덕을 넘어서　126
폐허　127
마음만 무거울 뿐　128
그리움　129
삶　130
회상　131
어느 여름날에　132
사랑은 마술　133
겨울밤 풍경　134
그 이유 하나　135

가난한 사랑　136
외출　138
꿈　140
추억과 기억　142
어느 노인의 예감　143
행복한 인생　144
아직은　145
부끄러운 본심　146
숙명　147
밤새 우는 소쩍새　148
하루를 산다는 것　149
단 하루를 살아도　150
그리운 아빠　151
외로움　152
현실 2　153
또 하루가…　154
속으로 우는 아이　155
아직도　156
어느 이의 고백　158
새벽　159
벗이여　160
사랑　161

인생

기쁨 한 사발에
슬픔 두 스푼

희망 한 가득에
절망 두 조각

그것은 우리의 인생
너와 나의 인생

눈부시게 해 뜨는 맑은 날 30일
먹구름 비 오는 날 이틀

아무 일 없는 일상이 서너 달
넘어져 아픈 날이 겨우 삼사일

그래도 우리는 불행하다
그렇게 생각하며 산다

하얀 쌀 두 그릇에
검정 쌀 두 컵

그렇게 해 놓은 밥처럼
검정색만 보고 산다

마음은 청춘인데

굴곡진 삶의 심연
깊이 침몰되어 가라앉은 꿈들이
닳고 낡은 마음을 뚫고
새싹처럼 돋아나 나를 흔드네

용솟는 마음 달래며
이젠 너무 늦었다고 추스려 나무라니
유난히 반짝이는 새벽 별
길마중 나온 듯 손을 흔드네

몸도 마음도
함께 세월 따라왔더라면
차라리 좋았을 것을
마음은 청춘인데 몸만 떠나왔네

우거지

파릇파릇 새싹으로 처음 돋아났을 때
얼마나 예쁘고 고운 꿈 있었을까
자꾸만 돋아난 새싹들을 끌어안고
우거지가 되어가며 살아온 세월은
얼마나 공허하고 막막하고 외로웠을까
그 삶은 고독한 순례자의 생명이었다

자꾸만 새싹이 자라나는 속잎을
끌어안고 감싸 안고
굴곡진 고난의 그 많은 하세월을
어떻게 견디어 냈을까
누렇게 뜬 배추 겉잎 우거지가
처절하게 가슴을 찌른다

외부의 모든 침습을 막아내며
나를 끌어안고
그 모진 세월 견디고 견뎌내다
누렇게 떠서 시들은 우거지
어머니는 바로 나의 우거지였네
아, 슬픈 파동이 가슴에 인다

우거지 없는 삶이 그 어디에 있는가
우거지 없는 인생 어디 있는가
보잘것없는 우거지라 우습게 보지 마라
아빠 엄마가 바로 우리들의 우거지다
파릇한 새싹으로 돋아나 우거지로 살아온
그 삶은 숭고한 순례자의 생명이었다

그 어떤 영원 같은 천년의 환희가
이보다 더 아름다울 수 있으랴
그 어떤 거룩한 순례자의 고독함이
이보다 더 숭고할 수 있으랴

사로잡힌 삶

계엄령 내려져
무장된 듯한 시간 사이로
두려움에 넋이 나간
하—얀 배꽃 같은 영혼들
무정한 정글로 나아간다

그 하—얀 배꽃들이
세찬 바람에 꽃씨처럼 날려
수배된 세상에 내려앉아
짓밟히며 빨갛게 핏물이 들어가는가
허무의 세상에 떨어지는가

현실로 다가오는 시간들
과녁을 한참 벗어난 화살같이
하—얀 배꽃 위에 떨어지고
상처 입은 영혼들은 울부짖으며
정글을 맴돌다 지쳐 쓰러진다

삶의 울타리 벗어나지 못한
하—얀 배꽃은 시들어가고
저마다 자신의 영역을 지키는
무장된 시간만 흐른다

세상은 무정한 정글
오늘도 쫓고 쫓기는 삶이 있다

마네킹

죽음을 두려워하기보다
오히려 살아있음을 두려워하는
조작된 현실을 날아내야 하는
가난한 마네킹들이 서있다

제 맘대로
서있을 수도, 앉아있을 수도 없이
그저 누군가의 연출된 현실 속에
서있어야 하고 앉아있어야 한다

제 맘대로
이 옷 저 옷 입을 수도 없고
선택하는 자유는 더더욱 없다
꾸며지고 조작된 현실에서
누군가의 의도대로 그 자리에 놓여질 뿐

자신의 옷 한 벌 없는 가난한 벌거숭이 마네킹
누군가 연출해준 표정대로, 그 모습대로
움직일 자유조차 박탈된 마네킹
세상은 힘 있는 자들의 손에 연출되고
가난한 이들은 마네킹으로 서있다

인생길의 동무

삶은 기쁨과 슬픔의
장엄한 하모니
산이 높고 높은 만큼
골짜기는 깊고
오르막길 끝에는 마침내
내리막길도 있는 법
기쁨과 슬픔은 낮과 밤 같은 것

인생은 소망과 절망의
아름다운 무지개
비 온 뒤에 찬란한 태양빛
형형색색 무지개
빛과 어둠
눈부신 하늘 어두운 밤하늘
우리 인생길 동무라네

골짜기 없는 정상이 없듯
오르막길 없는
내리막길 어디에도 없듯
빛과 그림자 한 몸이듯
아침저녁이 하루가 되듯
기쁨과 슬픔
소망과 절망도 우리 인생길 동무라네

어머니

흘러간 지난 세월

울고 울며 몸부림쳤던

송곳 같던 시간들

치매에 붙들린 9년 동안

세상 끝 외진 곳

엄마와 단둘이 살며

그렇게도

벗어나고 싶었던 그 시절

다시는 오지 못할 먼 길로

영영 떠나가신 지금은

사무치게 그리워

돌아보니 그 세월이

엄마가 내게 주신

가장 큰 선물이었다

산다는 것이

비스듬히 누운 채
베란다 창을 뚫고 비쳐오는
가을 햇살을 받는다

어디선가 요란한 까치 소리
귓전으로 파고들며
허물어지는 가슴 끝을 잡은 채
작은, 기다림 하나 수를 놓는다

찾아온 사람도 없는데
찾아올 그 누구도 없는데
거리엔 사람들이 넘쳐나고
메말라 부서지는 낙엽같이
가슴만 기다림에 금이 간다

비가 내리고, 가을비가…
유령처럼 흐느끼는 바람
베란다 창을 때리며
밝게 빛나던 햇살 삼켜버린다

살아있다는 것이
형체 없는 기다림인지
햇살 같은 것인지
가을비 같은 것인지
아니면…
오늘 같은 궂은 날 같은 것인지…

갈망

누렇게 떠버린 허기짐 참을 수 없는 목마름
무엇을 위한 갈망인가

기름진 고깃덩이와 만년설이 녹아내린
폭포수 같은 한 컵의 물인가

아~ 목이 마르다
눈물샘이 터져 노아의 홍수같이 쏟아져도
타는 갈증은 여전하리라

몇 푼의 돈으로 기름진 고깃덩이를 살 수 있건만
피폐된 내 영혼은 마지막 숨을 몰아쉬듯
무엇을 갈망하며 허우적댄다

채워도 채워도 채워지지 않는 굶주림
마셔도 마셔도 가시지 않는 목마름
헛되고 헛된 것이 인생이라 하셨으니
해 아래 모든 것이 아침 안개이던가

세월 떠난 뒤에

꿈을 좇아 떠났던 아이가
세월에 쫓기며
꿈을 좇던 시절을 그리워하네요

무지개를 좇아갔던 아이가
세월에 쫓기다
어느새 노년이 되어 울고 있네요

별빛 아래 그네 타고 놀던 아이가
세월 떠난 뒤에
지팡이를 짚어가며 홀로 걷고 있네요

그토록 어른이 되고 싶어 울던 아이가
가는 세월 붙잡고
아이가 되고 싶어 울고 있네요

언제나 하얀 꿈을 좇던 그 아이
무지개를 좇아
힘차게 달려가던 그 아이

희미한 별빛 아래
텅 빈 놀이터 그네 위에 홀로 앉아
노년이 되어 달빛을 좇아가네요

지금 울고 있어요

표정만 보고
아무 일 없다고 생각하지 마세요

빙산의 일각처럼
입은 옷과 얼굴만 보고서
마음 놓지 마세요

가슴속 깊은 골짜기
산비둘기처럼 혼자 울고 있는
나를 좀 봐주세요

제발 한 번만이라도
바짝 다가와
울고 있는 나를 봐주세요

가장 가까운 당신이
얼마나 내게서 멀리 떨어져 있는지
울고 있는 내 모습 보지 못하네요

꿈과 현실 사이

어느 세월을 지나왔기에
그토록 허름한 모습으로
눈물 자국뿐이냐고 누군가
나에게 묻는다면
나는 할 말이 없습니다

다만, 이상과 현실 사이 깊은 계곡
햇볕 한 점 없는 그곳을
지나왔을 뿐이라고밖에는
그 한마디밖에는
아무런 할 말이 없습니다

날개 없는 꿈이 추락해 매장되고
망나니 칼춤 같은 현실이
내 그림자를 밟고 쫓아왔기에
숨 돌릴 틈이 없었노라고
그 한마디밖에는
할 말이 없습니다

소낙비

갑자기 하늘이
험상궂은 표정을 하고
여기저기 오가며
번갯불을 번쩍인다

금세
소낙비라도 퍼부을 양
울부짖는 소리가
사납게 허공을 맴돈다

어둑한 방 안에
우두커니 혼자 앉아서
맥없이 밖을 엿보다
갑작스런 소낙비에 나도 울었다

세상 떠난 내 동생
막내가 너무 그리워서

꿈에라도

거센 물살에 쓸려가듯
가슴에 묻혀있던 추억들이 파헤쳐져
세월에 휩쓸려가고
가시 같은 기억만 여기저기 나뒹굴며
나를 아프게 하네요

깊은 땅속에 묻혀있듯
가슴에 남겨졌던 당신과의 추억이
혹시 남아 있을까
지난 세월 붙잡고 더듬어보지만
가랑비 오는 듯 가슴만 젖네요

험악한 세월을 헤치며 오느라
당신에 대한 추억조차 하나 없는 지금
남아있는 유일한 소망 하나
오늘 밤 꿈에라도 짧은 시간 한 번만
어머니, 당신 품에 안겨보는 것

물소리

잠잠히
소리 없이 흐르던 물결이
바닥에 쌓아놓은
야트막한 돌 틈을 지나면서
소란스런 물소리 시원하다

그렇게 시원스런 물소리는
돌과 바위에 부딪혀 깨어지고
산산이 부서지는
물방울이 울부짖는 절규였고
처절한 몸짓이었다

어디선가 부서지고
산산이 찢어지는 절규로
내가 웃는 건 아닌지
한여름 밤 시원했던 물소리가
아프도록 가슴을 찢는다

알고 계신가요

알고 계신가요?
밤에는 지구도 별이라는 걸!

알고 계신가요?
지구가 푸른 별로 반짝인다는 걸
태양빛을 받아
밤에는 반짝반짝 빛난다는 걸

지구의 표면처럼 거칠고 패이고
깎이고 허물어진 모든 모습이
태양빛 하나로 반짝이는 별이 된대요

단점 많고 못나고 한없이 부족한 나를
태양 같은 당신 사랑으로
반짝반짝 빛나는 별이 되게 해주세요

당신의 사랑 하나로
저도 별처럼 반짝일 수 있어요

상사화

햇살 쏟아지는
따스한 어느 봄날
파랗게 파랗게
그토록 도도하게 잎이 자라더니
여름이 오는 길목에서
꽃을 기다리다 기다리다 지쳐
얼굴 한번 보지 못한 채
시들어 죽어간 네 이름 상사화

네가 죽어 흔적도 없는데
한여름 널 보려고 먼 길 달려온 듯
저토록 아름답게 꽃이 피어나
너만 기다리며 여름 내내 서성대다
사무친 그리움 끌어안고
서서히 시들어 죽고 마는 네 이름
상사화…
서로를 기다리다 죽어가는 꽃

서로 보고 싶어
상사병 난 어느 연인이
너보다 더 애절한
그 슬픈 사랑 어디 있으랴

내 마음도

날빛 햇살이 눈부시게
쏟아지는 봄날

울긋불긋 알록달록 푸른 들판이
들꽃들로 출렁이고
어리광 부리는 봄바람이
등을 떠민다

소풍 나온 나비 떼 지어 날며
잡기놀이 하고
풍선같이 부푼 마음 한가득 담겨
깃발처럼 신나게 펄럭인다

여기저기 옹기종기 붐비는 사람들
내 마음도 빨갛게 물이 들었다

갓등

산산이 부서져 아픔뿐인
이별의 기억마저
아득하고 희미한데
애틋하게 사랑한
작은 추억 하나 품고 살았다

고샅길 끄트머리 오르막길
작은 구멍가게 앞
전봇대에 매달린 갓등이
희미한 불빛으로
밤새워 홀로 서 있던 곳

화려한 도심의 변두리 막다른 골목
달동네에 묻혀진
허름한 회색빛 그늘진 사랑
지금도 그곳엔
가난한 사랑 지켜본 갓등이 있을까

사랑 1

사랑,
그 작은 문패 하나 달고
아무것도 없는
빈손으로 살았어도
결코
후회하진 않았을 텐데

사랑,
그 작은 두 글자만 품고
평생을
가난하게 살았어도
단연코
이렇듯 아파하진 않았을 텐데

사랑,
그 하나 없이 살아온 삶이
온통 후회뿐이네

사랑,
그 하나 없는 이유로
빈껍데기 인생이었네

고드름

밤새
추위에 웅크린 눈물
꽁꽁 얼어붙어
고드름이 되었다

처마 끝에 매달려 밤 지샌
모시발 같은 고드름
아침 햇살로 다시 눈물이 된다

아—
따뜻한 그대의 품에서
녹아내려 흐르는 눈물로
사위어가는 죽음조차 행복하여라

이별

차마
이별이란 말 할 수 없어

울면서 마주 보던 그대 얼굴
내 두 눈에 새겨두고
말없이 뒤돌아서 왔었지요

이별은 언제나 그런가 봐요
말없이 그저
눈물만 흘리는 것

세월

세월만 간 것이 아니었어요

나도 모르게 함께 왔나 봐요

바람에 실려가는 구름처럼

나도 싣고 왔나 봐요

뒤돌아보진 않을래요

어차피 돌아갈 순 없으니까

끝자락

이제
내리막길인가 봐요
세월이
너무 빨리 가네요

어느
세월의 간이역에서
이제 곧
내려야 하겠지요

그래도 참 행복했어요

세상이 이리도 곱네요

봄이 오면 1

봄이 오면
하세월에 묶인 몸
여전하여도

눈부시게 환한
봄이 오면
훨훨 날아가리라

하얀 민들레
꽃씨처럼 날아
봄 풍경으로 물이 들리라

수채화

새하얀 도화지 한 장 넘기듯
이 하얀 계절
겨울을 넘기고 나면
그 위에 번져오는
꽃물결 가득한 봄이 오리라

하얀 여백에
온갖 들꽃이 피어나리라

꽃물결 가득 찬
봄의 수채화가 그려지고
그 속에서 나도 함께
아름다운 봄날 꽃이 되리라

현실 1

가정에서
가장이 설 자리 없고

학교에선 선생님
설 자리가 없는데

집에서나 학교에서나
아이들 기댈 곳 어디에도 없네

도덕과 윤리는
땅에 떨어져 짓밟히고
나라엔 어른도
지도자도 하나 없네

돈과 성공에 포로 된 세상
아, 어찌하랴
어둔 이 세상 누가 불을 밝히랴

봄

눈부신 따스한 햇살에
조용히 둘이서
눈 맞춤을 하더니
어느새
파랗게 싹이 돋는다

아무도 몰래 둘이서
사랑을 했나 보다
봄바람에 연서를 띄우며
사랑이 싹텄나 보다

이제 곧 빨갛게
꽃단장하고
나 좀 보란 듯 나와서
춤도 추겠지

내 가슴에 불을 지피며
마음까지
빨갛고 뜨겁게 달구어놓고
요요한 몸짓 하겠지

바다

또 누군가의 인생이
한 줌 재가 되어
바다에 뿌려진다

그래서 바다는
밤낮을 쉬지 않고
통곡을 하나 보다

죽은 이들의 애달픈 넋은
그리운 이를 찾아서
밤낮 쉬지 않고 끊임없이
물결로 밀려든다

사는 동안

사는 동안
그 어떤 사람이라도
용서 못 하는 일
없이 살다 가야지

사는 동안
그 누구에게라도 빠짐없이
용서받지 못하는 일
하나 없이 살다 가야지

세월 갈수록

어제의 그날이 아니었구나

어제의 그 꽃도 아니었구나

어제의 그 태양도 아니었구나

세월 갈수록

왜 이리도 세상이 고울까

곱고 고운 세상

어쩌면 이리도 고울 수가 있는지

어제의 그날들이 아니었나 보오

어제의 그 세월이 정녕 아니었나 보오

추억

"제발
싸게 싸게 밥 좀 묵으라"

어릴 적 듣던
울 엄마 그 목소리
참말로
징하게 듣고 잡네

세월아
나 좀 네 등에 업혀다오

소원

이제
갓 돌을 넘긴 아이가
유모차를 타고
딸랑이 하나 손에 쥐고
신나게 흔들며 지나간다

나도
저 갓난아이마냥
그 어느 것
하나 가진 것 없어도
딸랑이 하나
신나게 흔들며
단 하루라도 살고 싶다

아침해

기지개를 켜고
느즈막이 나온 아침해가
다진 마음 가다듬어
등 떠밀며 재촉한다

힘차고 기운차게
하늘 높이 솟아올라
그늘진 마음 몰아내며
순풍에 돛 단 듯 떠오른다

게으르고 나태한
동요된 마음 쓸어내고
환한 햇살로 이끌며
꿈과 희망의 걸음을 재촉한다

사랑의 씨앗들

갓 나온 꽃망울
햇볕 따사로운 품에 안겨
어르고 달래는 봄바람
그 손길로 활짝 피어난다

온 세상 숨 탄 생명
모두 사랑의 씨앗들
그 어느 것 하나도 사랑 없이
세상에 나온 것 하나 없네

모든 생명의 물결이여
사랑의 분신들이여
그리하여 세상이 아름다운 것

사랑의 절박한 몸부림으로
못 견디게 하는 꽃들이여
가슴마다 그리움 사무치게 하는
봄 물결의 생명들이여

사랑 2

우리 인생에서

가장 불행한 삶은

사랑받지 못한

그 삶이 정녕 아니었다

바로
사랑하지 못한 삶이었다

우리 인생에서
사랑을 빼고 나면 무엇이 남을까

할머니와 아이

네댓 살 된 아이가 신이 나게
노오란 풍선을 들고 가는데
세상 온갖 풍상에 절은 할머니
지팡이를 짚고 따라간다

아이는 나비처럼 훨훨
날아가듯 가는데
80쯤 되신 할머니 질질 끌려가듯
땅속으로 꺼질 듯 지팡이 따라간다

같은 시간 같은 길을 가는데
꽃처럼 아름답고
늦가을 낙엽처럼 쓸쓸한데
중천에 뜬 해가 눈부시다

아이의 입에서 노래가 넘치고
할머니 입에선
가시 같은 한숨 넘쳐흐르니
세월이 깃든 만큼
몸도 마음도 무겁나 보다

살구꽃

화사한 연분홍 살구꽃 핀 날

밤이 찾아오면

달빛에 젖어 별과 함께 놀고

환한 대낮엔

햇살 속에 꼭꼭 숨어

눈부시게 놀았었지

우리들 마음은 살구꽃에 숨겨둔 채

겨울 끝자락

된바람에 쫓겨
가랑눈 흩날리는 한낮

회색빛 성난 하늘 아래
싸늘한 베란다 문밖에서
흐느껴 우는 바람 세차고
힘겹게 흔들리는 벌거벗은 나목들

까마귀 우왕좌왕
심란하게 날으며 까―악 까―악
울어대는 외침
아파트 숲 허공에 흩어진다

가끔씩 질주하는
자동차 소리 쫓아가는
어지러운 시간들
어둠이 짙게 가라앉는다

어느샌가
세찬 바람 잦아져 고요한데
언짢은 기색 역력한 하늘
먹구름에 별빛 가두고 잠이 들었다

쫓기는 듯 허둥대는 겨울 끝자락
나도 마실 나온 졸음에 이끌려
따뜻한 이불 속을 파고들었다

세상 풍경

밤이고 낮이고
끊임없이 일어나는
사건 사고들
요지경 세상 풍경

하루 하루 시간 시간
쏜살처럼 지나는 세월 속에
울고 웃고 아파하고
정신없이 어지러운 우리 인생

나는 몰랐네 그 이유를
밤낮 쉬지 않고 엎어지고 뒤집어지고
지구가 공전하고 자전하며
쉼 없이 돌고 돌아서 그렇다는 걸

세상이 이렇듯 어지러운 건
바로 그 이유 때문인 걸

두 인류의 탄생

안목의 지평은 날마다 넓어지고
마음은 겹겹이
욕망과 탐욕으로 에워싸여
마음과 마음은 멀어진다

안목에 사로잡혀 돌출된 이성은
감성에 물든 옛것을 밀어내고
멸시받는 지성은 어두운 동굴 속으로
자학하며 숨어든다

첨단을 좇는 세대는 시대를 앞서가고
어지럼증에 낙오된 세대는
얼마 전 머물렀던 그리움에 멈춰 서서
낙오된 삶으로 맹인처럼 살아간다

최첨단의 과학 문명 속에
신세대와 구세대로
경계가 뚜렷하게 그어지고
두 인류가 탄생한다

겨울 산

한겨울 바람의 여울목에
파릇파릇 돋아난 이름 모를 새싹 하나
안쓰럽기 그지없게
칼바람에 힘없이 흔들린다

희뿌연 날씨
아슬하게 흐르는 시간
고독한 이끼마저
잿빛 너머 동녘을 바라본다

청아한 새소리만
적막한 산속을 맴돌고
음습한 찬 기운에
겹겹이 에워싸인다

은신처를 찾아
떠나온 내 마음도
발걸음을 재촉한다

남은 것

욕심껏 겨울을 품고
맥없는 시간들이 널브러져
나뒹구는 산속에 올라
자그마한 바위에 걸터앉았다

모두 다 숨죽인 채
일관된 침묵이 흐르고
순찰하듯 바람만
어슬렁거리며 지나간다

세속을 벗어난 침묵 속에
눈과 귀를 단단히 닫아걸고
내 마음 깊은 곳을
가만히 들여다본다

아— 메마른 광야와
구부정한 지팡이 하나
그것밖에는
남은 것이 하나도 없었다

노년의 세월

작은 초가집 예닐곱 채
옹기종기 모여있던 시골 마을
어릴 적 친구들과 놀던
그 시절의 시간은 어디쯤에 있을까

한갓진 시간을 보채며 놀던
그 시절의 우리 모습은
세월의 어디쯤에 묻혀있을까

서산 너머로 저녁노을 질 때까지
해찰하며 놀다
돌담 너머에서 부르던 엄마 목소리에
붙들려 들어갔던 그 시절 그립네

오르락내리락 뻔질나게 날으던
참새 한 마리도 오지 않는
추수 끝난 허허벌판 허수아비처럼
노년의 겨울 속에 나 혼자 남았네

내 인생의 봄날

온 세상 하얗게 눈 덮인
한적한 시골 마을
어둑어둑 저녁이 깔릴 때면
어머닌 아궁이에 불을 지폈다
큰 가마솥 옆 따뜻한
부뚜막에 앉아
아궁이에 군불을 때시던
엄마와 둘이 했던 시간들

시커먼 검댕이 묻어있는
부지깽이 들고
매 맞아야 된다며 마당을
몇 바퀴나 돌던 그 시절

내 인생의 아름다운 봄날은
아스라한 기억 저편에
하―얀 목련처럼 피어있다

세상에서의 첫 인연, 영원한 인연
세상에서의 처음 사랑, 영원한 사랑
내 생애 아름다운 봄날은
바로, 어머니였다

삶이 그대를 속일지라도

삶이 그대를 속일지라도
그대는 삶을 속이지 말라

삶이 그대를 절망케 할지라도
그대는 삶을 절망케 하지 말라

삶이 그대를 아프게 할지라도
그대는 삶을 아프게 하지 말라

삶이 그대를 울게 할지라도
그대는 삶을 울게 하지 말라

삶이 그대를 허기지게 할지라도
그대는 삶을 허기지게 하지 말라

삶이 그대를 가난하게 할지라도
그대는 삶을 부끄러워하지 말라

삶이 그대를 죽이려 한다 할지라도
그대는 삶을 죽이려 하지 말라

삶이 그대를 외롭게 할지라도
그대는 삶을 외롭게 하지 말라

삶이 그대를 버리었다 할지라도
그대는 삶을 버리지 말라

삶이 그대를 슬프게 할지라도
그대는 삶을 노래하게 하라

삶이 그대를 포기하게 할지라도
그대는 삶을 포기하지 말라

거목

초겨울 찬바람에 시달리던
벌거벗은 나목이
서리 내린 밤을 지새우고 나서
어설프게 엉거주춤 서있다

아직도 붉게 물든 나뭇잎
아슬아슬 몇 개 매달고
가냘픈 가지 앙상하게 드러낸 채
풀이 죽어 서있다

가만히 쪼그리고 옆에 앉아
바라보는 나에게
나이 지긋한 목소리로
말을 건넨다

날개 달린 새라고 항상
나는 것은 아니라고
잎이 항상 무성한 나무만이
나무가 아니라고

파랗게 무성한 이파리
솟아날 때 있고
그 잎이 물들고 시들어
떨어질 때 있단다

나도 나즈막히 물었다
나무도 늙느냐고
나무가 성을 내며 말했다
너는 거목도 모르냐고

늙는 게 아니라
거목이 되어가는 거라고
나는 몰랐다
늙는 게 거인이 되어가는 것임을

내 인생의 하모니

올 한 해
그토록 간절히 기대했던
결과가 아니더라도
내 운명을 좌우하는 것이었다
할지라도
연연해하진 않으렵니다

절망의 골짜기를
헤매었던 한 해라 하여도
그 역시 내 삶의 일부요
소중한 인생의 하나란 걸 알기에
뒤돌아보진 않으렵니다
옛날이 되어버린 지난 과거이기에

기대했던 깃발이 펄럭이는
한 해였다 하여도
그 깃발 아래 머물진 않으렵니다

단맛만 느끼며
굴곡 없는 대낮같이 환한 인생보다는
쓴맛도 느끼고
신맛과 짠맛도 맛보고 경험하며

깜깜한 밤하늘도
내 삶에 경험하며 보듬고자 합니다

아름다운 노래 속에
높고 낮은 음과 짧고 긴 음표가 있듯
내 인생 여정 속에도
슬픔과 기쁨, 환희와 절망의
크고 작은 갖가지 꽃들처럼
세상의 모든 삶을 맛보고 싶습니다

세상의 모든 감정들과
세상에 존재하는 모든 삶을
경험하고 싶습니다
꽃 피는 봄만이 아니라
여름 가을 겨울
사계절을 살다 가길 원합니다

인생이 소풍이라면
인생이 한 번뿐인 여행이라면
그렇게 많은 것들을
보고 듣고 느끼며 누리다
가는 것이
의미 있는 여행이 아닐까요

운명이든 숙명이든
내 앞에 그 무엇이 있든지
새로운 경험이 되겠지요
내 인생의 아름다운 하모니로
영화의 주인공처럼
새해엔 그렇게 살아볼래요

아픔과 고통
절망과 환희와 슬픔과 기쁨과 웃음도
나에게 시시때때 다가오겠죠
한 편의 멋진 영화의 주인공처럼
거기에 맞게 살아볼래요
새해엔 그렇게 주인공으로 살아볼래요

슬픔 없는 새해가 아니라
슬픔을 이겨낸 주인공으로
고난 없는 새해가 아니라
고난을 이겨낸 주인공으로
실패를 딛고 이겨낸
주인공으로, 새해엔 그렇게 살아볼래요

봄이 오면 2

초겨울 야무진 꿈 하나
봄이 오면 햇빛 환한 양지녘에
키 작은 라일락 꽃나무
어찌하든 한 그루 심어보리라

하―얀 눈 소복 입은
이 겨울 떠나보낸 뒤에
눈부신 햇살 가득 고인
그 양지녘에 심어보리라

가난한 흥부의 마음
간절한 그 소망을 담아
꽃불로 타오를
라일락 꽃나무를 심으리라

달빛 고요한 길섶
그 막다른 내리막길에라도
시나브로 자라날
라일락 꽃나무를 심으리라

그렇게 청춘의 추억이
연분홍 꽃보라로 흩날리며
향기 진동하는 봄날
노랑나비 춤추는 봄을 보리라

12월의 상념

차갑게 냉기 서린
초저녁 으스름 조각달이
잿빛 연한 홑 구름
온몸에 두르고 나와
바들바들 떨고 있다

야트막한
뒷산 봉우리 막다른 곳에
몸을 바짝 붙이고
안쓰럽게 서있는 것이
갈 곳 없는 아이 같다

온 세상 어둠뿐인
밤은 더욱 깊어지는데
가파른 비탈길
오도 가도 못 하는 처연함이
눈에 밟힌다

꼭꼭 숨어버린
별빛 하나 없는 그 먼 길을
어찌 홀로 가려는지
밤새워 떠는 신음 소리
가슴을 파고든다

해묵은 시름 가득 안고
가는 한 해 보내기 못내 아쉬워
밤새 뒤척이는 나도
허전한 빈손을 바라보다
민망한 한숨 짓는다

광산과 보석

천만년의 어둠이 켜켜이 쌓여
빛 한번 보지 못한 땅속 깊은 곳
광산이라 불리는 곳

어둠에 갇혀 죽은 듯이
묻혀있던 광물들
금이 되고 은이 되고
보석이 되기도 한다

우리 사는 세상도 광산 같다
제련받는 광물처럼
절망 속에서 포기하지 않고
가시밭길 고난도
피 흘리며 견뎌낸다

절망 속에서 소망을 붙들고
시련의 포화 속에서
희망을 놓지 않는 사람이
빛나는 보석이 된다

광물이 불과 싸우는 것
아니다
불이 주는 고난을 견디는
것이다

진짜 보석 같은 사람은
싸워서 이기는 사람이 아니라
절망과 고난과 시련 속에서
참고 견디며 자신까지도 녹아지는
사람이다

누가 빛나는 보석이 될까
시련 없는 인생은 보석이 될 수 없다

뿌리 깊은 나무

어느 계절에 내가
살이 쪘을까
어느 세월에 내가
자라났을까

계절이 지나고 바뀔 때마다
나무는 살이 찌고
사방으로 가지를 뻗치며 자라나
커지며 우람해졌다

계절이 가고 세월 흐르며
거목이 되어간 나무
어떠한 바람에도 뽑히거나
흔들리지 않는다

계절이 바뀌고 오랜 세월
흘렀어도
작은 바람에도 여전히 나는
온몸이 흔들린다

뿌리 깊은 나무는 흔들리지
않는다는데
나는 아직도 삶의 뿌리를
내리지 못한 것일까

오직 위로만 자라며 커지느라
겉모습은 큰 나무 같지만
정작, 내면의 뿌리 내릴 생각은
하지도 못하고 살았나 보다

작은 시련에도
심하게 두려워 떨고 있는 나는
오늘도 흔들리며 하루를 버틴다

인생이다

젊음이 인생의 한 부분이라면
인생의 전부가
젊음이 아니라는 것
삶 속에서
너울 같고 불꽃같은 희열
사위어갔다는 것일 뿐

물불 안 가리고 덤벼드는
젊음의 열정
그것이 없다고 인생 아닌가
불타는 뜨거운 사랑 아닌
연정만 가슴에 품고 사는 것
그것은 사랑 아닌가

애잔한 연정 가슴에 고이 품고
모난 마음 지긋이 눌러가며
해 질 머리 황혼길 산책하는 건
산책이 아니던가
젊음은 인생의 한 부분일 뿐
전부가 아니다

세월 앞에 꼿꼿이 앉은 채
바람을 거스르며
꼼짝도 않고 앉아있는 바위처럼
고요한 정적을 품고
유유히 흘러가는 강물처럼
젊음 없는 삶도 인생이다

한때

서글픈 기색으로
빨간 꽃잎이 시들고 있는데
보름달 환한 빛은
어찌하여 저토록 밝게 빛날까

우수에 가득 찬 꽃잎이
황폐한 숨을 몰아쉬고 있는데
꽃다발 품에 안은 소녀는
뭐가 좋아 저토록 웃으며 가는 걸까

발걸음도 가볍다 소녀는
강물도 저렇듯
소리 없이 숨죽이고 흐르는데
소녀의 웃음소리
깔깔깔 허공을 맴돈다

유난히 고운 달빛도 무심하게
환하게 빛나는데
빨간 꽃잎 숨소리가
애잔하게
달빛에 소리 없이 잦아진다

그래도 너는 꽃이었다
한때 우리가
너처럼 빨간 꽃이었듯
너도 그렇게 꽃이었다
우리가 한때 꽃이었듯이

어찌해야 할까요

꽃보다 붉은 단풍잎이
정갈한 바람에도
당신의 소리 없는 미소처럼
살포시 내려앉네요

노―란 단풍나무 잎새들도
연한 갈바람 품에 안겨
나비춤을 추던
당신 발자국으로 새겨지네요

아― 어찌해야 할까요 나는
갑자기 세찬 비바람 불어와
당신의 미소 같은 붉은 단풍 낙엽과
노오란 발자국도 지우고 말았네요

잎새 다 떨구고 높이 솟은
앙상한 나뭇가지 사이로
눈이 부시도록 햇살 한 줌 쏟아져
허둥대는 내 눈을 아프게 찌르네요

아― 어찌해야 할까요 나는
당신의 미소도 발자국도
흔적 없이 사라진 눈부신 세상
남겨진 나는 어찌할까요

상서로운 새날

아직은 낯설은 초겨울
한낮 떠오른 정오의 태양이
먹구름 계곡을 헤매다가
애잔하게 힘없이 스러지며
초저녁 어둠에 쫓겨간다

어둠이 스멀스멀 번져오고
숨 가쁘게 달려드는 매몰찬 바람이
벌거벗은 나목을 휘감고
씨름하듯 세차게 흔들면서
흐느껴 울고 있다

방 안에 어둠이 차곡차곡 쌓이고
우두커니 주저앉아 창밖을 엿보는데
주름진 추억의 단편들이 흩날리며
아픈 기억 후미진 뒤안길 구석진 곳
작은 눈물샘이 가득 차오른다

밤새 뒤척이며
뜬눈으로 지새운 밤을 보내고
갓밝이로 일어나는 아침
환―하게 밝아 오는 빛나는 세상
상서로운 새날이 가슴을 채운다

기다림

다시 한번 결심을 다져본다
내 속에 어느 한구석을 비워놓고
울긋불긋 아름다운 가을의
자그마한 풍경만이라도 하나 걸어놓고
여유롭게 살아가보자고

푸른 창공으로 날아오른 새들이
바람을 타고 여유롭게 노닐듯
잠깐만이라도 세월의 창을 열고 나가
스쳐 지나는 삶의 풍경 속을 거닐며
가을과 포옹하고 아름다운 이별을 하리라고

하늘 높이 한 무리의 철새들이
가을과 함께 날아가고
들판에 일렬로 선 새하얀 억새들이
산들산들 춤을 추며
문턱까지 나와 손을 흔든다

아— 오늘 이 가을의 풍경을
허기진 가슴
한구석에 품어 그림처럼 걸어놓고
밤새 소리 없이 하얀 눈이 쌓여
눈부신 햇살로 반짝이는 아침을 맞으리라

애기 장미

애기 장미 한 그루
엄마 품 같은 화분에 앉아
붉은 꽃을 피우고
실비 오는 가을의 풍경을
우두커니 서서 바라본다

절절한 어둠 속
세상 밖에서
얼마나 모진 아픔을
견디었기에
저토록 붉은 깃발로
솟아오를까

한없이 아팠던 가시 같은 시간들은
자신을 꾹— 꾹 찌르며
가슴을 회한의 눈물로 채우고
피맺힌 꽃잎은 마침내
그리운 어머니의 향기로 피어난다

이유

성벽 같은 단단한 마음이
무너져버린 건
바로 당신 때문이었다

그렇게 푸르른 하늘과
울긋불긋 단풍으로 짙게 물든 나무들
갖가지 형형색색 꽃들과
쏟아지던 햇살로 눈부셨던
그대 떠난 뒤에 남겨진
그 쓸쓸함과 공동묘지 같은 공허함
내 마음이 무너져내린 이유다

그대,
너무도 눈부시게 아름다웠기에
그 찬란한 시간이
언제까지나 머물 줄 알았기에
그대 떠난 온 세상 거리마다
달빛마저 상복을 걸쳐 입은 듯
시커먼 먹구름에 휩싸여있다

남아있는 꽃을 보아도
그대와 함께했던 거리를 걸어봐도
처음 본 듯이 낯선 것은
찬란하게 눈부신 아름다운 가을
바로, 당신
그대가 떠났다는 그 이유
하나 때문

성벽 같던 내 마음이
무너져 내린 건
바로 당신 때문이었다

간절한 바람

휘몰아치는 바람 속에서
미친 듯이 타오르는 불꽃
그 무엇도 녹여버릴 태세로
달구어진 대지 속에서
우리들의 연약한 영혼은 시련받는다

저마다 가슴속에
탄내 나는 화상을 입은 채
두려움과 원망
절망 속에 주저앉기도 하지만
누군가는 사나운 용사처럼
굳세게 일어나 칼춤을 춘다

불꽃 속에 타들어가는 탐욕의 정글
뜨거운 열기로 녹아지는 정욕의 바다

흔적도 없이 자취도 없이
불꽃 속에 연기 속에 사라져가라
뿌리까지 뽑히고 말라서
다시는 모양조차 싹트지 못하도록

마침내,
시련을 이겨낸 우리의 영혼만
작은 구슬처럼 남아있게

까닭 모를 눈물

바람 한 점 없는 고요함에도
낙엽이 떨어져
거리마다 수북하게 깔리고, 서둘러
걷는 가을의 뒷모습이
음영으로 남겨진다

강변길 하—얀 억새밭엔
새들이 어지럽게
왔다 갔다 오르락내리락
마음 심란한데
무심한 햇볕은 눈이 부시다

안색이 창백한 거리마다
수척해진 낙엽 쌓이고
쓸쓸함 낭자한 메마른 갈바람이
가슴을 휩쓸고 지나가면
까닭 모를 눈물이 두 눈에 맺힌다

가을의 끝자락은 언제나
모든 망각의 해독제를
끝끝내 마시지 않고서는
차마 견뎌낼 수 없는
사무치게 그립고 아픈 계절이다

숨겨진 진실

그대 앞에서
나는 언제나 웃으려 애를 씁니다
찢겨지고 찢어져
수없이 조각난 파편들은 뒤에 감추고
당당히 서있는 앞모습만
그대에게 보이려 무던히도 애써봅니다

혹여 그대가
축— 늘어져 내려앉은
지친 내 뒷모습을 볼까 봐
그대 앞에서만큼은
언제나처럼 뒤돌아설 수 없습니다
너 나 없이 모든 이들이
뒷모습을 보이려 하지 않습니다

안간힘을 쓰며 죽을힘을 다해
지푸라기 한 가닥 붙잡고 매달려있을 때도
그대 앞에서만큼은
마치 굵직한 밧줄을 몸에 매고 있는 양
참으로 의기양양한 모습으로
그렇게 서있는 듯 애를 썼습니다

그대 품에 잠든 모든 이들이
그대 앞에서 숨 쉬는 모든 이들이
그대에게 안겨질 모든 이들이
양어깨를 늘어뜨린 지친 모습
그 뒷모습도 보여줄 수 있도록
그대가 성숙하기를
그대가 언제나 변함없기를…!

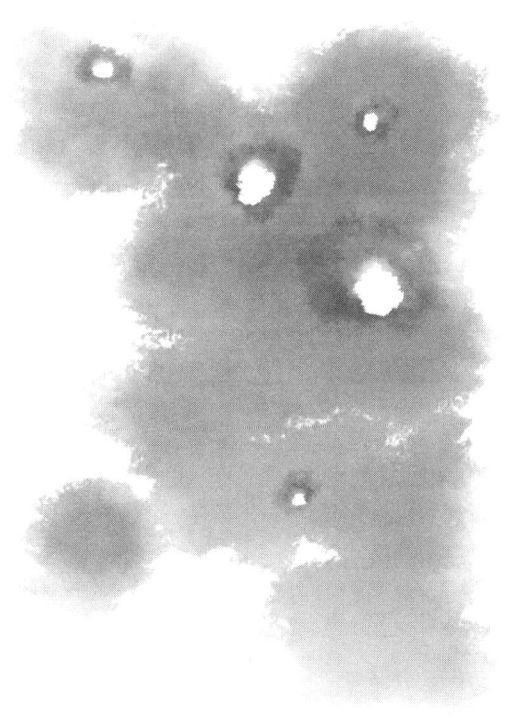

가을비로 내리는 이별의 눈물

애처로운 이별의
눈물일까
가을도 차마 이 아름답고
눈부신 세상을
떠나기가 못내 아쉬웠던 것일까

가을비로 내리는
측은한 이별의 눈물이 추적추적
길가에 쌓인 낙엽 위로
흥건하게 젖어든다

한때 화려했던 청춘이
노년이 되어 기숙할 때
우리 인생도 울고 있는 가을처럼
세상 떠나기
못내 서럽고 아쉬워
저토록 처량하게
소리 없는 눈물로 이별을
고하며 떠나지 않을까

가을이 가는 모습처럼
우리 인생도 모든 것을 벗어놓고
쓸쓸한 삶의 뒤안길로
어느 날 갑자기 떠나가겠지

가을의 모습에서
언뜻언뜻 인생의 마지막 뒷모습이
어른거린다

가을의 축제

가을의 화려하고 현란한 축제
갖가지 나무마다
울긋불긋 샛노랑, 빨갛게 불타는 나무들
서로서로 나 좀 보란 듯
저마다 형형색색 꽃단장했다

눈부신 햇살은
높고 푸른 하늘로 떠올라
따스한 조명을 더하고
온 세상이 불타는 축제가 열렸다

밤새 숨차게 달려왔을 찬바람도
한낮 따스한 햇빛에 데워지고
코로나에 발목 잡혀 구겨지고 색 바랬던
굳게 닫혀있던 세상

대문을 활짝 열어젖혀 양팔 벌리고
절망에 갇혀있던 사람들
너도 나도 쏟아져 나와 거리마다 가득 차고
활기찬 열기는 달아올라
거센 축제의 불꽃이 온 세상에 타오른다

사랑하는 아이야

아이야, 사랑스런 아이야
네가 일어나는 아침은
방긋 웃는 햇님과 함께하는 늘해랑

네 여린 가슴에 담겨진 꿈은
행복으로 활짝 피어날 벙근 은방울꽃
안다미로 눈부신 초원
생명수 강가의 늘 푸른 초장

아이야, 언제나 사랑스런 아이야
네 어두운 그림자는 항상 뒤에 남겨져
단잠을 자는 평안하고 아늑한 밤이 되고
낮에 뛰놀던 너의 발자국은
밤하늘 반짝반짝 빛나는 별이 되리라

눈부신 햇살 수레를 타고
행복 가득한 화원
희망의 봉우리에 올라앉아
부르는 네 노래는 꽃이 되리라

아이야, 사랑스런 아이야
꽃 본 나비 같은 네 얼굴
새하얀 백합 같은 네 모습 볼 때마다
절로 나는 웃음 어쩜인 줄 아느냐?

밤하늘

붉은 하늘빛 저녁노을 언덕으로
아장아장 걸어 나온 아기 초생달
어스름 저녁, 고요한 잿빛 어둠을 타고
반짝이는 별 하나 동무 삼아
뭉게구름 계곡에서 숨바꼭질한다

노을마저 놀다 지쳐 돌아간 어둠 속에서
꽃씨처럼 돋아나는 수많은 아기 별들
구름 뒤에 숨었다가 까—꿍 하며 나오고
반짝반짝 손 흔들며 이쁜 짓으로
외로운 이 가슴마다 그리움을 안겨준다

은하수 여울목에 별빛 물길 따라
걷다 걷다 지친 나그네
마지막 남은 작은 여백 위에
밝아올 여명 새벽 외침을
떨리는 손끝으로 그려놓는다
내 사랑이여 잘 가라고

선풍기 바람

언제 어느 때든
스위치 하나만 누르면 나오는
시원한 선풍기 바람

젖은 머리도
깔끔하게 말려주는
선풍기 바람

땀에 절은 얼굴도
씻은 듯 말려주는 시원한
선풍기 바람

언제 어느 때든
네 앞에만 서있으면
내 눈물도 마를까

탄내 나는 이 고통
시퍼렇게 멍든 몸과 마음도
시원하게 날아가버릴까

새해 마중

도심의 외진
무심한 그늘 아래
나무 의자 하나
누군가 버리고 갔는지
쓰러져있다

오랜만에 마실 나온 길
엎어진 나무 의자
장갑 벗어 툴툴 털어 세워놓고
가만히 앉아
갈대숲을 바라본다

사색의 울타리 너머
초겨울 시선이
고즈넉히 머무는 곳
세속을 벗어난
이름 모를 꽃이 피어있다

흘러간 세월 너무 아쉬워
추억으로 꽃이 핀 걸까
길손처럼 떠나는 바람에
연한 몸짓으로
곁눈질하며 춤을 춘다

망각의 세월을 바람에 날리며
한 해를 배웅하는
몽롱한 춤사위가 이어지고
해맑은 얼굴로
나를 보며 활짝 웃는다

산달이 꽉 찬 배부른 여인처럼
12월 마지막 날
갓난아이처럼 뽀얀 얼굴로 다가오는
새해의 희망찬 숨결이
빨간 꽃잎 속에 살포시 안긴다

송년의 마음

새해라는 이름으로
그대가 내 품에 안겨지고
첫 새벽을 여는
그대의 눈부신 아침 햇살이
지금도 눈에 선하오

인생이란 이름으로
그대와 함께 지내온 시간 속에
어느새 떠날 채비 서두르며
말없이 옷깃 매고 일어선 그대여
누가 그대를 붙잡을 수 있겠소

눈물도 아픔도 다 씻겨내며
기쁨도 주고 웃게도 했던 그대여
떠나야만 하는 당신 앞에서
함께했던 시절은 진정 아름다웠다고
그대에게 고백하오

그대 떠나는 뒷모습
마지막까지 밤 지새며 배웅하리다
그대 떠나고 어느 세월 살다가
문득문득 돌아보며 그리워하겠지요
지나간 내 인생의 한 시절로

내 생애
다시는 돌아올 수 없는 그대여
그대가 내 삶이고
그대가 내 인생이었기에
보내는 마음 애절하오

내 사랑 그대여
그대와 함께했던 그 시절은
영원한 이별로 묻혀지지만
정녕 아름다웠소
영원한 내 사랑, 잘 가시오

예쁜 그 모습

넘어질 듯 넘어질 듯
아장아장
걷는 모습 하나 하나
어찌나 이쁜지
그렇게도 이쁜지

바라만 보아도 절로 나는
함박웃음
누구나 어릴 적 우리네 모습
무엇과 바꾼 걸까
우리 어린 예쁜 그 모습을

광맥

어둠의 소굴 땅속 깊은 곳
금을 캐려는 광부들의 곡괭이처럼
밤낮 쉬지 않고
시커먼 눈 부릅뜨고 곡괭이질 해왔다

땀에 버무려져
노예처럼 살았던 세월에서
변한 것은 오직 하나
어느새 청춘이 왔다 갔다는 것

허망한 세월 속에서
영정사진 같은 모습만 남았고
다시는 오지 못할 곳으로
사랑하는 사람들 떠나갔다는 것

인생이란 어두운 막장에서
헤아릴 수 없이 반복했던 곡괭이질
인생의 광맥은 사막의 신기루
정작 우리가 찾는 광맥은 시간 속에 있었다

달맞이꽃 사랑

달맞이꽃 사랑을 하고 싶다
언제나 변함없이

온 세상 꽃물결로 가득 차게
눈부시게 빛나는 사랑
언제나 그윽한 눈길로 바라보는 사랑
모두가 부러워하는 사랑
포근한 달무리 같은 그 사랑

작은 초승달 초라한 모습
어둠에 가려진 반쪽
온전치 못한 그 모습
둥그런 보름달로
모든 어둠 몰아내는
빛나는 모습 아니어도
변함없이 사랑하는 달맞이꽃 사랑

태양같이 눈부신 모습 아니어도
그렇게 뜨거운 사랑 아니어도
이런 모습 저런 모습 변함없이 모두 다
말없이 받아주고 기다려주는
오직 서로가 서로만을 바라보고

기다리고 기다리다
밤에만 애잔하게 꽃피는 사랑

달맞이꽃
그런 사랑을 하고 싶다

잃어버린 보물

정신없이 살다가
시간이 가는 것을 잊고 살았다

그렇게 흘러간 시간
금 같은 세월을 내주고 얻은 것은
노년이라 불려지는
등 굽은 허름한 내 모습 하나

언제나 항상 있는
시간이고 세월인 줄 알았었다

파랑새 좇다 낭비한 세월
과거로 보내버린 시간 속에 세월들
정녕 그것이
인생에서 가장 귀한 보물이었나

첫눈

닭 모이 주듯
싸라기 같은 첫눈 몇 가닥
눈 깜박할 새
금세 왔다 사라져 흔적도 없고
겨울 왔다는 신호만
짤막하게 알려주고 떠났다

눈이라도 소복하게
발자국 새겨질 만큼만
내렸어도
첫눈처럼 밤새 소리도 없이
임이 오시었다 갔는지
살짝 알 수라도 있었을 텐데

새해맞이

온돌에 따뜻한 장작불 지피듯
바람 한 점 없는 새해가
동녘 하늘 붉게 지피며 떠올라
온 누리에 평온함이 깔린다

밤사이 얼어붙어 차디찬
그늘진 세상 표면 위로
마침내 요요하고 환한 햇살이
동녘 기슭에 번져온다

그토록 연모하던 새해가
밤새 쉬지 않고 달려와
고지랑물 같은 근심 걱정 비워내고
가슴 한가득 희망으로 채운다

깊이 가라앉아 권태로운 닻을
거둬들이고
새 희망의 돛을 하늘 높이 올려라

파도처럼 거침없이 달려
드넓은 희망의 바다로 나아가자
푸른 꿈이 넘실대는 바다로

작은 바람

사람들 붐비는
큰 사거리 목 좋은 곳에
작은 가게 하나
갖고 싶은 마음 간절하다

언제나 사람들 넘쳐나는
수많은 사람 오고 가고 오고 가는
그렇게 목 좋은 곳에
작은 가게 하나 갖고 싶다

축— 늘어진 어깨 슬픈 얼굴
여기저기 기웃대며 기댈 곳 찾는
가난하고 지친 마음들
싸매주고 감싸주는 수선집 하나

그도 저도 안 되면
노점에 리어카라도 하나 놓고
네잎클로버 작은 잎새라도
가슴에 하나씩 안겨주고 싶다

가을

칭얼대던 가을이
울다 웃기를 반복하더니
어느 사이
가로수 잎새를 붉게 물들이고
은행나무 가로수까지
노랗게 물들이고 말았다

아침저녁으로
서늘한 바람까지 몰고 와
잎새를 떨어뜨리고
길가에 수북히 나뭇잎을 깔고
오가는 사람들 마음까지
기어코 쓸쓸하게 사로잡는다

길가엔 낙엽이 나뒹굴고
심란한 마음 바람에 쓸려간다

타성의 비극

타성에 길들여진 삶이
습관으로 굳어져
거대한 성벽으로 세워지고
간절했던 소망은
마침내 백기를 들고 무릎 꿇는다

웅크리고 주저앉은 소박한 소망
화석이 되어
후회라는 깃발만 펄럭이다
바람을 붙잡고 일어서
성벽을 오르다 추락한다

깨지고 부서지고 성한 곳
하나 없는 시간들
타성에 사로잡혀 습관으로
굳은 마음
아무리 다그쳐도 꼼짝 않는다

침습

오랫동안 준비된
잘 짜여진 전략처럼
전 세계를 급습한
코로나19라는 전염병은
인간의 오만한
탐욕의 표상이 아닐까

만물의 영장이란 표지를 내세우던
이성과 지성과 과학
그 위대하게 여기던 깃발을
조기로 바꿔 달고
인간은 티끌 같다고 고백해야 되는 것 아닐까

세상엔 보이는 것이 전부 아니고
보이지 않는 것이 있음을 모두 인정하고
눈에 보이지도 않는 작은 것
그 보잘것없는 코로나19의 침습은
인간의 교만을 꺾으려는
신의 뼈아픈 회초리는 아닐까

새벽을 향하여

험난한 세월은 나를
붉은 피를 흘리게 할지라도
높은 산을 옮겨 가로막고
더 이상 가지
못하게 할지라도
나는 주저앉지 않으리라

새벽안개 눈을 가리고
비난과 원망의 입술들이 터져
무너진 댐에서 황톳물 쏟아지듯
내게로 덮쳐와도
아직 나는 가던 길을 멈추지 않으리라

내 생(生)에서
한 번도 맞지 못한 광명한 새벽이
내 앞 어디쯤에서
양팔을 벌려 기다리고 있음을
험한 세월 알려줬기에

한번

과거로 흘러간 세월 속에
남겨진 현실은
우울함만 가슴 깊이 묻어둔 채
돌 같은 심장만
저 혼자 뛰고 있다

미몽에 붙들린 마음
잡도리하며
온 힘을 다해 손을 뻗어
너를 붙들고
그 동안 쌓인 한을 풀고 싶었다

너, 유일한 소망이여
천둥 같은 소리로 내 이름 한번 불러다오

초여름

하―얀 셔츠 눈부시게
잘 다려놓은 듯
쨍쨍한 햇볕 반짝이는
수정 같은 날씨가
사람들을 부추겼나 보다

갑천변 야생화 꽃물결 속에
소풍 나온 사람들 넘쳐나고
흰나비 노랑나비 꽃물결을 오가며
푸르게 파랗게
울창한 초여름을 물들인다

쇠똥구리와 말똥구리

쇠똥구리와 말똥구리는
소똥이나 말똥을
성공의 표상으로 삼고 가져가서
그 속에서 새끼들을 낳고
그것을 먹으며 살아간다

소똥이나 말똥을 최선 다해
굴려가다
다른 녀석을 만나기라도 하면
뒤집어지고 엎어지며
죽기 살기로 끝까지 싸운다

그딴 것 때문에 싸우는 꼴이
여간 우습지 않다
우리가 가지려고 죽기 살기로
싸우는 것을 보고
혹시, 누군가 웃고 있진 않을까

낯선 길

해 떨어진 어느 산길
깊은 계곡에
차곡차곡 쌓이는 어둠 속에서
산비둘기 두려운 듯
여기저기서 울고 있네

뱀처럼 휘어진 골짝 길
끝없어 보이고
산길이나 인생길이나
매한가진가
어디로 가야 할지 분간이 안 되네

어디를 둘러봐도 낯선 길
산비둘기 따라 나도 울고 싶네

사냥꾼의 변신

정 많고 따뜻한 표정 속에 감춰진
그 비열한 시선
목줄이 풀린 사냥개마냥
여기저기 수색하며
상처 입은 사냥감 피 냄새를 쫓는다

세상 물정 어두운 사람들 탐색하고
어린 새끼처럼 연약한
사람들을 표적 삼아 맹렬하게
뒤쫓으며 붙잡아
영혼과 속옷까지 강탈한다

그리고 마침내
성공의 보좌에 인자한 듯 앉아서
선행이란 지우개로
추악한 자신의 과거를 지우며 산다

종이배처럼

누군가 띄워 보냈는지
하얀 종이배가
장마로 차오른 물살을 타고
아득히 멀어져간다

나이 들어 조바심 난 마음에
종이배처럼
떠내려가 멀어지는 외로움
숨겨둔 눈물이 고인다

언제나 남겨진 시간보다
앞서가는 마음
하얀 종이배 떠밀려가듯
하루하루가 그렇게 간다

그대가

그대가 바람이라면
나는 이름 없는 잡초라도
괜찮습니다
그대와 함께 춤출 수 있기에

그대가 바다라면
나는 외로운 섬이어도
괜찮습니다
언제나 그대 내 곁에 있기에

그대가 하늘이고
내가 땅이라 하여도
나는 괜찮습니다
언제나 그대 바라볼 수 있기에

그대가 환희와 기쁨이라면
나는 언제나 절망과 슬픔이어도
괜찮습니다
항상 그대만 소망할 수 있기에

그대가 아름다운 꽃이고
내가 세상에 없는 주검이라 하여도
나는 괜찮습니다
언젠가 그대 내 품에 안길 수 있기에

살맛 나는 세상

푸른 언덕이 아름다운 건
들녘이 저렇듯 아름다운 건
크고 멋진
한 그루의 나무 때문이 아니었다

이름 모를 꽃들과 초록초록 잡초들
크고 작고 이런저런 모양의 나무들
그렇게 서로 어울려
자연의 조화로운 어울림 때문이었다

세상이 살맛 나게
아름다운 이유는 오직 하나
잘났든 못났든
서로 어울려 하나 되는 것

잡초라도 숲속에 있을 때
의미 있고 아름답게 보여지듯
너 나 구별 없는 어울림이
참으로 살맛 나는 아름다운 세상이다

무의미한 소리

한밤중
숨 가쁜 앰뷸런스 소리가
아파트 단지를 맴돌며
거센 눈보라에 맞서고 있다

처형대에 끌려온 듯
쥐 죽은 듯 고요한 시간이
앰뷸런스 소리에
산산이 찢겨져 나간다

칠흑같이 무거운 시간이
잠시 흐르고
멀어지는 앰뷸런스 소리
숨 막히는 적막감…

아무 일 없다는 듯 시계의
초침 소리만 맴돌고
누가 죽었는지 살았는지
밤은 깊어만 간다

누구의 외침이었을 그 소리
누군가의 절규였을 그 소리
그러나 누구에게도 그 소리는
무의미한 소리였다

낯선 세월

초겨울 쌀쌀함에 냉기 서리고
모두 다 떠나버린 들녘
허허롭기 그지없다

산책길 구석진 햇볕 든 자리
이름 모를 보랏빛 작은 꽃이
가냘픈 꽃대에 매달려 떨고 있다

게을러서 지금 나온 것인지
부지런해 벌써 나온 건지
햇볕을 보듬고 애처롭게 흔들린다

나도 어느 세월 사는지 낯선 것이
모두 어디로 갔는지
텅— 빈 들녘처럼 허허롭다

냉기만 어슬렁거리는 한복판에
쓸쓸함만 낭자하고
낯선 세월은 주위를 맴돈다

이름 모를 한 송이 꽃이나
잊혀진 내 처지나
서있는 곳은 초겨울 들녘이다

외딴섬

푸른 바다 어느 귀퉁이
사방으로 보이는 건 아스라한 수평선
울타리 삼아
세상의 온갖 인기척도 움직임도
멀리 비켜 나와
태초의 정조를 지키며 서있다

하루에 두 번
밀물과 썰물도 없는 바다
쉬임 없이 잘싸닥거리는
파도 소리와 어디선가 불어온 바람만
스쳐 지나는 작은 외딴섬

세상 한가운데 있어도
밀물과 썰물처럼 들고 나는 이
하나 없는
노년이란 작은 외딴섬
흉한 소문만 잘싸닥거린다

인생의 무지개여

열렬히 부르던 청춘의 노래
잦아들고
냉기 서린 회색빛 독거의
서글픈 쓸쓸함이
노년의 삶에 기숙한다

한 치의 양보도 허락지 않던
통념에 굴복하고
순수함의 푸르렀던 시절은
연약한 한숨을 토하며
밤하늘 별을 세다 아침을 맞는다

험악한 세월에 감전된 몸은
넋 나간 허수아비 같고
고단함 가득 고인 주름진 이마엔
깊은 시름 담겨져
무능한 인생의 멍에가 얹혀졌다

거센 세월 등살에 못 이겨
한때 용맹했던
전사의 삶을 내려놓고
하늘 높이 자유롭게
날아가는 새를 좇는 시선이 고정된다

아, 번개처럼 왔다 간
아름다운 인생의 무지개여

푸성귀

이름도 없이
들로 산으로 자라난
푸성귀들
생을 마친 흔적은 오직 하나
누렇게 떠버린 죽엄

계절에 못 박힌 삶이
꽃을 떨구고
잎새마저 밤 지새우다
끝내 스러져
익명의 삶을 놓는다

세월에 이끌려온 계절이
달구치며 끌어안고
언제 꽃 피고 푸르렀냐는 듯
누렇게 뜬 유골로 만든 채
매서운 칼바람과 밤새 춤을 춘다

벽장 속에 갇힌 추억만
빛바랜 사진 속에 남아있고
푸성귀 같은 너와 나의 삶은
마지막 남겨질 영정사진 한 장만 남긴 채
푸성귀처럼 떠나야 하리라

그 무엇도
가지고 갈 것 없고
그 무엇도
가져갈 수 없다
세상 그 무엇도

그대

한 걸음씩 뗄 때마다
발이 푹푹 빠지는
갯벌 같은 세상에서
그대를 찾아
얼마나 헤매고 헤매었던가

푸르른 청춘 가는 줄도 모르고
중년을 지나
해거름 노년이 오는 줄도 모른 채
그대를 찾아
얼마를 찾고 찾았었던가

울음을 참고 웃음을 지우며
힘겹게 찾아 헤매다
이제야 알았네 그대 지나쳐 왔음을
달리는 차창가 풍경처럼
순간 그대 스치고 지나쳐 왔음을

내 살아있음의 의미
그대의 속삭임 한마디 듣지도 못한 채
이젠 세월에 떠밀려 가네
낙엽으로 바람에 떠밀려 가네

먼 훗날

이 우주가 오랜 세월
깎이고 깎이어 닳고 닳아
모래알만 해질 때까지
나는 오직 당신의 사랑만 기억하고 싶습니다

화려하지도 초라하지도 않은
밤하늘 달무리처럼

먼— 훗날

나는 오직 당신의 사랑만을 기억하고 싶습니다

크지도 작지도 않고

나와 당신만 한 크기만큼만

해야 솟아라

어둠 가시지 않은 여명
하루를 활짝 열어젖히고
서서히 솟아오는 햇볕
힘차게 기운차게 솟아올라라
기세 좋게 우리가
오늘 하루 살아갈 수 있도록

깎아지른 절벽
높이 솟은 둥지 떠나 날아오르는
저— 독수리처럼
오늘도 그렇게 살아내도록
신명 나게 하루도 살도록
환한 햇살 비추며 솟아올라라

피곤에 절여진 몸과 마음
밝고 맑은 햇살로 헹구며
주저 없이 집을 나서
용맹한 전사처럼 오늘도 살아가게
해야 솟아라
아침 해야 솟아올라라

심술궂게 발목 잡는
시커먼 먹구름 다 몰아내고
빨갛게 타오르는 불처럼
거침없이 뜨겁게 타올라라
오늘도 의기양양
힘차게 하루 살아내도록

언덕을 넘어서

너를 이끌고
저 언덕을 넘어가리라

질경이 무덤을 지나
누군가 걸어갔을 좁은 길 따라
밤이면 이슬을 가슴에 담고
흩어지는 별 무리 눈물로 씻어

네 걸음 한발 앞서
향기로 풀잎 끝에 매어두면서
너를 이끌고 함께 가리라

지나온 과거를 갈아엎어
쟁기로 다시 갈아가며
상처로 얼룩진 그 가슴 싸매 안고
나, 너를 이끌고
저 언덕을 넘어가리라

언덕 너머 햇빛 쏟아지는
꽃물결 들판으로

폐허

동맥의 줄기를 타고
날 선 칼처럼
푸르게 푸르게 빛나던
청춘이여

그 무성하던 잎사귀는
어디에 떨구고
밤새, 이슬로 얼굴 씻던
네 꿈들은
骨山에 묻히었나

한바탕
온몸으로 부딪힌 전장터 위에
야위고 허기진 네 모습만
폐허로 남아있다
허물어진 군상으로…

승리의 연가는 부를 수 없다
흩어져 나뒹구는
피 묻은 잔해들만 무성할 뿐
나 여기 묻히어
폐허로 남겨져도 좋다
용감히 싸웠기에—

마음만 무거울 뿐

삶을 등진다 생각하니
피 흘렸던 세상이 오히려 그립네

세상을 떠난다 생각 드니
짓눌렸던 삶이 오히려 아쉽네

어느새 쫓기다 길을 잃어
주저앉아 숨 돌리니 죽음의 문턱이네

죽음의 강은 어둡고도 고요하여라
저―쪽 강나루 물결을 타고
소리 없이 내게로 다가오는
사공도 없는 조각배 하나

돌아보니 아무도 없네, 한 사람도 없네
걸쳤던 누더기도, 손에 든 것도
아무것도 남은 게 없네
가벼웠을 마음만 쇠처럼 무거울 뿐

그리움

긴-장맛비가 쉴 새 없이 쏟아지고
밤마다 뒤척이다
새벽녘에 잠이 드는 시간
작은 안식마저 품지 못하게
상실한 마음 부둥켜안고 놓지 않는다

질기디질긴 상념의 시간들이 주저앉아
허름한 삶의 풍경으로 물들고
인연으로 맺어져 웃고 울었던 세월 뒤에
노을처럼 번진 그리움
밤새 내리는 빗속에 장승처럼 서있다

한 줌의 애틋했던 마음만이라도
붙잡아, 간직하고 싶어
길손처럼 헤매며 추억들을 뒤져보지만
멀리서 반짝이는 별처럼
그리움만 가슴 가득 머물다 간다

여전히 밤새워 장맛비는 쏟아지고
여전히 외로움은
치열하게 새벽까지 달려가고
여전히 흐르는 눈물은
지친 가로등처럼 온 밤을 지키고 서있다

삶

비 젖은 풀잎
안개비에 들뜬 무지개
진한 설탕물처럼
단내 나는 세상은
황량한 사막의 신기루

험한 세파
닳아 빠진 세월
굳게 잠긴 빗장 풀면
족쇄 채인 내가
무겁게 서있다

한—순간
스르륵— 눈꺼풀 내려
어둠에 갇히면
산도 없이, 바다도 없이
나도 없는 세상

열 손가락 펼쳐
세월 할퀴며
세상을 가려봐도
언제나 두 눈만 가려질 뿐
삶은 그대로 박제되어 서있다

회상

언뜻언뜻
영혼이 빠져나간
그림자만 홀로 남아
허적허적,
세상길을 걸어가는
내 모습을 본다

그 깊은
어둠의 골짜기에
굶주린 들개처럼
젊은 날의 서러움이 메아리 지는
지나온 세월의 허름한 기억
허물처럼 벗어놓은
빈껍데기만 남겨진 내 모습을 본다

마치
내 본분이 사냥꾼인 양
무언가를 쫓아서
끊임없이
험한 들길로만 사납게 살아온
거친 숨결만 남겨진
삶이 빠져나간
내 작은 그림자를 본다

어느 여름날에

하이얀 구름 하나
푸른 하늘 높이 홀로 떠간다
잔잔한 호수 위 종이배처럼
초록빛 여름 한 아름 안고

흰 눈꽃마냥 설레임 담아
파랗게 날 선 그리움 안고
눈이 부신 햇살 걷어내며
꿈결처럼 고요히 흘러 떠난다

내 사랑 떠난 임 뒤쫓아가는지
살금살금 소리 없이 숨어서 간다
붉게 물든 노을, 황금빛 강 건너
내 마음 가득 안고 먼— 나라로 간다

사랑은 마술

파아란 하늘은 암갈색 무덤
눈부신 태양은 빛을 잃었다

반짝이던 별들은 죽엄의 공동묘지
몸 잘린 반달은 묘지 앞의 비석
세상은 온통 가시나무숲이다

하늘이 파아랗게 아름다웠던 건
사랑이 있었기 때문

눈부시게 빛나던 태양도
까아만 밤 반짝이던 수많은 별들도
시리도록 정겹던 달빛도
그대 내 곁에 있었기 때문

겨울밤 풍경

땅거미 짙은 계곡
화장기 없는 나목들
혼령처럼 서성이고
산기슭을 넘어온 바람은
휘파람을 불며
공동묘지 묘비 위에 머문다

시퍼렇게 날 선 하늘은
공룡의 눈을 번뜩이며
망나니처럼 춤을 추고
달싹 달라붙은 나의 그림자는
공동묘지 위로 길게 누워
들개의 울음을 운다

세상에는,
밤새껏…
들개의 울음소리가 들렸다

그 이유 하나

당신이 내 곁에 없다는
그 이유 하나만으로
이렇게도 온 세상이 어둡고
슬픔으로 변할 수 있다는 것
그대 곁에 있을 땐
왜 알지 못했을까요

그렇게 아름답던 날들이
그대가 곁에 있어서
세상 모든 것이 그렇게도
눈이 부셨나 봅니다

언제나 그대와 함께할 때면
쏜살처럼 지나갔던 시간도
이제는 하루를 보낸다는 것이
천년이라도 된 듯이
너무나 더디 가고 지루한 시간들

세상 모든 것이 다 변함없는데
그대가 떠났다는
그 이유 하나 때문에, 이토록
온 세상이 캄캄할 수 있나요

가난한 사랑

나의 사랑은 언제나 가난합니다
그래서 아무에게도, 하물며 사랑하는
임에게도 그 무엇도 줄 수 없답니다

나는 밤마다 고요한 세상이 오면
텅— 빈 거리를 헤매이며
쏟아지는 별빛을 가슴 한가득 주워 담아
임에게 드릴 준비를 합니다

나의 사랑은 이렇게 가난합니다
어제는, 밀감처럼 노오랗게 익은
달무리를 등에 지고
잠든 님의 창가에 걸어놓았습니다

나의 사랑은 가난하여, 그것밖에는
오직 그것밖에 줄 수가 없답니다
어느 날인가,
풀잎에 맺혀있는 맑고… 고운
새벽이슬 하나씩, 하나씩 따다가
꽃잎에 담아
잠든 님의 입술을 꽃처럼 발갛게
물들인 적도 있습니다

나의 사랑은 너무나 가난하여
그것밖에는
더 이상 무엇도 줄 수가 없답니다

외출

무작정 버스를 타고 가다
허허로운 들녘을 보고
무심결에 내려 길을 걷다
지붕만 주황 파랑으로
유화처럼 칠해진 여섯 채 정도의
궁색한 집들 있는
작은 동네가 눈에 들어왔다

한갓진 들판 가장자리로
어디론가 이어지는
끝없는 길이 팔자 좋게
누워있고
길옆 야트막한 산이
울타리처럼
동네를 감싸고 있다

사람 기척 하나 없는 외진 곳
오래된 한 장의 그림 같은
아우라가 느껴지는 저녁이 오는 풍경
그 속에 우두커니 서있는 내가
몽환에 사로잡힌
나그네로 그려져있다

잠시 들렀다 떠나갈 이곳에
내려앉은 철새처럼
이곳저곳을 둘러보며
길 따라가다
권태로운 발등에 쏟아지는
황혼빛에 쫓겨
황급히 돌아서서 철새를 따라갔다

꿈

꽃보라 속에서 당신과 함께
논두렁을 거닐다
미끄러져 물속에 빠졌었는데
그것이 꿈이었대요

그렇게 행복했던 순간이
꿈이었다니
믿지 않으려 애를 써보지만
물속에 들어가
아무리 허우적거려도
돌아갈 수 없네요

이 현실이 정녕 꿈이라면
진작 깨었을 텐데
온종일 물속에 몸을 담가도
가시가 목에 걸린 듯
아무리 신음을 토해내 봐도
이게 꿈이 아닌가 봐요

꿈속에서 만날 수 있었던 당신
어찌하면 다시 만날 수 있을까
꿈이 현실이고 현실이 꿈이길 간절히
바라는 이 마음
어찌해야 다시 꿈을 꿀 수 있을까요

당신은 꽃보라 꿈속에서
날 기다리고
나는 여기서 당신만
기다리는데

추억과 기억

간직했던 소중한 추억의
단편들이
사나운 바람에 몸을 떨며
휩쓸려가듯
썰물처럼 빠져나가 흔적도 없고
아픈 기억들만
갯벌 위 바위처럼 남아있다

잊지 않으려 부둥켜안은 추억은
쓸려나가버렸고
당신을 원망하고 아프게 했던
기억만 가시처럼 돋아나
가슴 애리게 찔러대며 눈물 쏟게 한다

미안함과 후회와 그리움만
지워지지 않는 문신처럼
너무도 또렷하게 가슴에 새겨져
바위처럼 억누르며
자꾸자꾸 눈물만 쏟게 한다

어느 노인의 예감

세월에 쫓기는 쇠잔한 육신
늦가을 잎새처럼 간신히 매달려
작은 부채 바람에도 스러질 듯 애처롭다

사랑하는 사람들 볼 때마다
아쉬움만 더해지고
붉은 황혼빛을 쏟아내는 태양은
자기 품에 안겨
함께 가자 재촉한다

연가를 불렀다 청춘의 기억은
희미하게 남아
패잔병 백기처럼 펄럭이고
함께했던 사람들은
먼 곳에 무리 지어 서있다

어지럼증 나는 삶의 난간에
간신히 매달려있다가
세찬 바람 불어와 함께 가자 하면
그 바람에 둥~실
낙엽처럼 실려가리라

행복한 인생

참으로 행복한 인생은

자신의 마지막 죽음이

생애 최고의 작품이 되는 것이다

아직은

아직은 밤이다. 그렇다 아직은…

새벽은 저— 너머에서 달려오지만

마지막 남은 어둠 벗어나지 못한 시간

아직은 밤이다

투명한 햇살 걸친 시간들

가슴 맞대고 포옹하려 조바심 내며

허술한 빈틈없이 내게로 온다

경건하게 승화된 사랑을 안고

거칠고 다듬어지지 않은 태고의 그 빛이

별이 되어 반짝이는 적막한 시간

한숨이 비석이 된 세월을 뚫고

안식의 햇살이 내게로 온다

부끄러운 본심

본심이 발각된 나이
오랜 세월 어두운 굴속을 헤매다
세월에 화상 입은 얼굴
아픔과 외로움이 켜켜이 쌓여
억척스런 살덩이 굳어진 나이

낱낱이 드러난 연약한 눈동자
빛바랜 허름한 외투 한 벌
그리고 곰팡이 진 남루한 방 한 칸
오랜 세월 떠나보낸 겨울 잠자리
봄이 오면 봄이 오면 드러나는 본심

숨겨도 숨겨도 밖으로 나오는
지렁이 같은 본심
인간이라는 얄팍한 자존심
그 하나 버리지 못해
오십 해 고개 넘어 끌어안고 있네

갈 길은 천 리인지 만 리인지
별처럼 빛나는데
마음은 언제나 제자리
마비된 다리마저
언제나 그 자리

본심이 발각된 나이
아직도 부끄러운 그곳에 있네

숙명

얼마나 많은 햇살이
내 삶에 머물다 갔을까
얼마나 많은 어둠이
내 생(生)에 머물다 갔을까

움푹움푹 살점이 베어 나간 자리엔
황톳빛 피가 얼룩져있고
어둠이 머물다 간 그 자리엔
아직도 비상을 꿈꾸는 갈매기 한 마리

어리석다 어리석다 비난하는 소리
밀려오는 파도같이 쉬지 않지만
떠날 수 없는 바위 되어 언제나 그 자리
살이 깎여도 언제나 그 자리

삶이란 것이, 인생이란 것이
멀리서 달려와 부서지는 파도 맞아가며
바닷가에 서있는 바위 같은 것
닳아 없어질지언정 피할 수 없는 것

얼마나 많은 햇살이
그곳에 머물다 갔을까
얼마나 많은 달빛이
내 삶에 머물다 갔을까

밤새 우는 소쩍새

그 옛날
청춘을 묻어둔 채
세월을 따라 예까지 오신 어머니
이제는
갈대같이 가벼운 몸짓으로
허적허적 가을 언덕을 오르신다

아직도
가마솥 같은 질긴 인연 속에 묶여
주름진 눈가로 눈물 마를 날 없는데
두려움과 근심으로 긴― 한숨이
저―편 수화기에서 들려올 때면
나는 밤새 소쩍새가 된다

자정을 지난 짙은 어둠마저
세상을 떠도는 혼령 같은 안개 속에
숨이 막힐 듯 적막함에 휩싸여
시신처럼 싸늘한 새벽을 낳는다
여전히 소쩍새는 밤새워 울고
어머닌 오늘도 몸을 구푸린 채 잠이 드셨으리라

하루를 산다는 것

용맹스런 전사마냥 무장을 하고
또 하루를 맞는다
익숙한 시간들을 지나
어느새 맞는 저녁나절
나는 벌거숭이 패배자였다

무너지고 무너지고 또 무너지고
이미 폐허가 되어버린 성(城)
그래도 아침이면 또다시
정갈스레 다듬은 돌 하나를 놓는다
그 위에, 그 위에 돌을 쌓는다

하루도 못 되어 무너지고
며칠도 겨우 버티지 못하지만
어김없이 무릎을 세운다
다시 돌 하나를 쌓는다
그리도 또 돌 하나를…

길이 보이고, 끝도 보인다
돌진해오는 귀에 익은 함성도 들린다
용맹스런 전사마냥 무장을 하고
나는 다시 아침을 맞는다
치열한 전투가 또다시 시작된다

단 하루를 살아도

하루를 살아도, 단 하루를 살아도
내가 사모하는 진리와 함께할 수 있다면
나란히 손잡고 같이 갈 수 있다면

하루를 살아도, 단 하루를 살아도
말씀 속에 내가 살고 말씀이 내 안에 계시고
내가 기꺼이 순종할 수만 있다면

나, 기쁜 마음에 목 놓아 울리라
두 팔은 나비 같은 날갯짓하고
두 발은 아기 사슴처럼 뛰어놀리라

생명보다 귀한 은혜 잊혀지지 않는다면
한눈팔지 않고 지킬 수만 있다면
하루를 살아도, 단 하루를 살아도

나비처럼 너울너울 춤을 추리라
암사슴같이 펄쩍펄쩍 뛰어놀리라
천년보다 귀한 하루, 그 하루를 살고 싶다

그리운 아빠

아침 안개처럼
잠깐 피었다 사라진 시간들

그 세월 어디쯤에선가
아빠의 웃음과 한숨 소리가 끊겼고
모습마저 잃어버린 채
가슴 한구석 그리움만 깊이 묻었다

붉은 석양이 산마루에 질 때면
울컥울컥 목젖까지 차오는
그리움… 그리고 눈물

가끔 한 번씩 보고픔에 이끌려
수천수만의 묘지들 사이로
작고 초라한 아버지의 무덤을 찾는다

아— 내 생애 어느 길목에서
아버지를 만날 수만 있다면
단 한 번만이라도 등에 업혀드릴 수 있다면

어느 별인들 멀다 할 수 있으랴
가시나무 숲길마저 꽃길보다 나으리
내 아버지 뵐 수 있는 그 길이라면

외로움

외로움,
그 작은 둥지 속에서
웅크리고 하루 온종일을
세상 밖을 엿보다가
그대로 새벽을 안고 잠이 든다

살아 움직이는 것은 오직,
내 신음 같은 한숨 소리와
쉬지 않고 돌아가는 시계의 초침 소리
가끔씩 서로가 살아있음을
확인하며 시선을 맞춘다

창을 조금 열어두면
지나치던 갈바람이 손님처럼
들어와 혼잣말을 걸어본다
마치 다정한 친구처럼…
그리고 그리운 너인 것처럼

울적한 마음이 한여름 소나기처럼
가슴속으로 쏴~ 하고 쏟아질 때
그리고 어느 순간 멈췄을 때
그 고요함, 그 속으로…
갈바람이 나그네처럼 떠나간다

현실 2

소리 없이 봄비가 내리고
불청객처럼 찾아온 외로움
여기저기 헤지고
누더기 진 가슴, 핏줄을 타고
잔인한 4月의 봄비가 스며든다

황톳빛 피멍 진
세월의 갈피마다
희긋희긋 돋아난 하얀 새치들
넋을 놓고 떠나온 발자국
종점을 바라보다 잠시 머문다

문틈으로 새어 나온 4月의 바람
휘파람 불며 스쳐 가고
새하얀 목련꽃잎 죽엄으로 쌓이는
검은 아스팔트길 가장자리엔
노오란 개나리가 문상객을 맞는다

그렇게 중년의 삶이 시들어가고
도톰한 안경 너머 보이는 세상
구걸받는 사랑조차 향기 없는 조화
계절에 맞지 않는 코트 하나 걸쳐 입고
뒤뜰을 지나 서산으로 숨어드네

또 하루가…

새벽 하루엔
보석처럼 빛나는 작은 아기 별들이
깊은 잠에 빠지고
달빛은 마실 간 듯
눈썹 같은 발자국만 남아있다

세상엔 아무런 인기척도 없는
새벽 3시 40분
그저 가끔씩 들리는 자동차 소리
그리고 시계의 초침 소리
그리고 메마른 나의 기침 소리

의미도 없이 기대도 없이
또 하루가 그렇게 다가오고
지루한 고통의 시작이
한숨으로 새어 나와 신음을 토하고
나는 나를 비웃으며 또 하루를 맞는다

나태한 영혼 비웃으며
수백 번씩 죽이고 죽이고 칼질을 하며
나는 그렇게 나를 죽이고
나는 그렇게 죽어가는 하루
새벽 4시가 다가온다

하루를 시작하는 기도 속에
나는 날마다 나를 죽인다

속으로 우는 아이

젊은 날의 청춘은
세월에 운구 되어 떠나가고
고단한 날들
침체된 꿈도 박제되어
유산처럼 남겨졌다

더 이상 먼 지평을
바라봐야 할 이유도 사라졌고
밤하늘 별들을 헤이며
가슴 설레야 할 까닭도 없지만
그래도 눈물은 흐른다

초승달같이 애틋한 그리움
가슴 구석진 한켠에 걸려있고
한여름 장맛비 같은
고독한 세월의 흐느낌마저
잦아든다

유해로 남겨져 세월에 실려온
덧없는 청춘이 추억으로 남겨지고
달랑 남은 손바닥만 한 그리움
그마저 이제는 품을 수 없는 나이
속으로만 우는 아이가 되었다

아직도

쨍쨍한 날빛에
야무지게 옷깃을 여몄어도
초겨울 찬바람 숨어들어
허허로운 나그네 인생길
가슴마저 쓸쓸한가

바람만 살짝 스쳐도
금세 터져 나올 눈물
한가득 고여있는
우수에 젖은 눈망울이
차마 보기 안쓰럽네

어찌하여 아직도
떠나가신 그 빈자리에 남아
그리움에 못이 박혀
밤낮을 쉬지 않고 서성거리다
온 밤을 지새워 울고 있는가

긴— 장대 끝에 매달려
깃발처럼 펄럭이는 그 얼굴
눈을 떠도 눈을 감아도
여전히 또렷하게 보이는 그 모습
가슴에도 슬픔이 여울어지는가

당신 떠난 빈자리
아직도 여전히 온기 남아있는데
꿈에라도 한 번
잠시 오시었다 떠나시며
손이라도 한 번
잡아주고 가소서

어느 이의 고백

벽에 등을 기대고 고개 숙인 채
우린 서로 말이 없었다
시계의 초침 소리만 침묵을 깨고
메마른 허공을 떠다녔다

무거운 침묵이 너무 어색했는지
기타를 집어 든 너의 손에
기타줄이 떨며 흐느껴 울 때
우리는 이별을 예감했었다

작심한 듯 시계를 올려다보고
말없이 집을 나와
으슥한 골목길을 걸을 때도
우리는 이별을 예감했다

서로의 발걸음이 멈춘 버스 정류장
두어 걸음 정도의 거리를 두고
서로 말없이 바라보며 웃었지만
그것이 너와 나의 이별이었다

갓 스무 살 너와 나의 처음 사랑은
흰 눈이 펑펑 내리던
그날 밤 하―얀 겨울에 떠났다

겨울을 못 견디게 아파하는 이유는
결코, 춥기 때문만은 아니었다

새벽

새벽 동이 터 오는가
밤새 어둠에 지배당한 세상

아득히 먼—산 너머로
어머니 손길 같은 거룩한 빛살
은은한 걸음으로 퍼져온다

산마다, 나무들이 꽃들이 잡초까지
들녘마다 텅—빈 여유로움마저
등을 되돌려 동녘 끝을 바라본다

지친 바람마저 어둠을 어깨에 메고
일렁이는 강을 건너 황급히 달아난다

풀잎에 숨어있던 이슬
햇살에 입 맞추며 빛나는 미소 짓고
유유한 강물은 따스함 품어 안아
들로 산으로 길마중 나서는데
앞서 오던 햇살이 양팔 벌려 포옹한다

벗이여

슬슬한 차림새로
해무처럼 깔리는 어둠 속에
포구를 오가는 배처럼
문득 왔다가 말없이 가는 벗이여

구부정한 모습에
탈속한 듯 남루한 행색
그 친구의 뒷모습이
자꾸만 가시처럼 눈을 찌른다

세월에 깎이고
부대끼며 살아온 흔적들이
누군가 정교하게
몸에 새겨준 듯 역력하다

해사했던 청춘만
언제 어디쯤에 두고 왔는지
바람에 쫓겨가듯
떠나는 친구의 발걸음이 눈에 밟힌다

이별 뒤에 남겨진
기약 없는 오늘 같은 만남이
우리 생애 또 있을까
벗이여
잘 가시게

사랑

오직 한 번만

당신을 사랑할 것입니다

내 생명이 오직 하나
뿐이기에

한 번밖엔 이 세상 살 수
없기에